AF404003

PRÉSIDENCE DE M. BENOIT-CHAMPY

LA FAMILLE DE TREIL DE PARDAILHAN

Défenderesse

CONTRE

Le comte Jules de PARDAILLAN

Demandeur

PIÈCES JUSTIFICATIVES

1° DE LA NOBLESSE DE LA FAMILLE DE TREIL

2° DE L'ÉTAT DE TERRE NOBLE DE LA BARONNIE DE PARDAILHAN

3° DU DROIT DE LA FAMILLE DE TREIL AU NOM DE PARDAILHAN

PARIS

TYPOGRAPHIE ET LITHOGRAPHIE RENOU ET MAULDE

144, rue de Rivoli, 144

1869

PREMIÈRE PARTIE

Noblesse de la famille de TREIL

Nota. — Les pièces, que comprend cette première partie, établissent la généalogie de la famille de Treil, depuis le quatorzième siècle, en même temps que sa noblesse.

I

Noble GUILLAUME de TREIL

FILS DE NOBLE PIERRE DE TREIL

---

7 SEPTEMBRE 1397

Anno incarnationis Domini millesimo trescentesimo nonagesimo sep-
timo, domino Carolo Dei gratia rege Francorum, regnante, die septima
mensis septembris : Noverint universi quod ego Ramundus Molinerii
castri de Vieussano gratis pro me et meis non deceptus in aliquo
cum hoc instrumento publico firmiter perpetuo valituro scio, confi-
teor et recognosco vobis *nobili Guillermo Trelli de Olargio uti heredi
universali nobilis Petri Trelli patris vestri* presenti stipulanti et recipienti et vestris me a vobis habere, tenere et tenere debere in emphi-
teosim et sub vestro directo dominio, laudunio, accapito et jure pre ceteris
retinendi, videlicet unam vineam sitam al Peyral que affrontatur cum
vinea Bernardi Contastini ex duabus partibus et cum honore heredum
Ramundi Erbos et sub usatico unius cop frumenti annu [a] li. Promi-
tens vobis dicto *nobili Guillelmo Trelli* presenti stipulanti et recipienti et
vestris esse legalis emphiteota et quod de dicta possessione cum suis juribus nullam vendam seu gacgeriam factam in fraudem vestri dicti domini vel vestrorum et dictum usaticum vobis et vestris quolibet anno
persolvam in festo Beati Nazarii necnon et omnia instrumenta que habeo
de dicta possecione vobis et vestris producam et monstrabo de die in diem

ad vestram vel vestrorum voluntatem. Et ita tenere et servare et non con-
travenire sub obligacione dicte possecionis promito juramento ad sancta
Dei quatuor euvangelia a me corporaliter gratis tacta sub omni jure re-
nuncians ad hec nocciva pariter et cauthela. Acta fuerunt hec in loco
dicto de Cessenone in presentia et testimonio reverendi domino Petri
Rivi Guiraudi de Mezelhis de Vieussano et mei Bertrandi de Solerio notarii regii habitatoris de Cessenone qui requisitus hec in notam recepi et in
formam publicam redegi. Faciam nec fieri permitam quoquomodo. Et
ego idem Bertrandus de Solerio notarius antedictus hic me subscribo et
signum meum consuetum appono.

II

Noble BERNARD de TREIL

FILS DE NOBLE GUILLAUME DE TREIL

----

6 MAI 1451

Anno nativitatis Christi millesimo quadrengentesimo quinquagesimo primo dieque sexta Madii. Noverint univesi quod existens et personaliter constituta apud castrum de Olargio in mei notarii publici et testium infrascriptorum presencia videlicet *nobilis Margarita de Corneliano relicta nobilis Guillelmi Truelli* dicens et asserens quod *nobilis Bernardus Truelli filius suus* rexit et gubernavit redditus et emolumenta suos de quibus eidem domine reddidit bonum et legale compotum de gestione et administratione, idcirco gratis pro se et suis quictavit penitus et absolvit dictum Bernardum filium suum de omnibus in quibus sibi teneri posset ratione dicte administrationis et de omnibus aliis quibus cumque de quibus se tenet pro paccata et contenta. Et *dictum nobilem Bernardum Truelli filium suum* quictat penitus et absolvit cum pacto etc. Cassans etc. Renuntians etc. Premissa etc. Et ita juravit de quibus. Actum in castro de Olargio in presentia et testimonio nobilis Mathey Camboni de Olargio, Johannis Portes, loci de Tornes habitatoris, et mei Petri Ramundi Colatoris.

19 FÉVRIER 1450

« ..... Noverint universi quod discretus vir dominus Petrus Leyderii presbiter ut privata persona loci de Pinolio gratis pro se et suis confessus fuit se tenere sub dominio, accapito et foriscapio a *nobili Bernardo Truelli,* loci de Olargio..... unum hospicium situm in dicto loco de Pinolio loco vocato a la Calvetaria..... »

10 FÉVRIER 1459

« ..... Noverint universi quod *nobilis Bernardus Truelli,* gratis pro se et suis, dedit ad novum accapitum Johanni Fabri filio..... unam terre peciam sitam infra terram et juridictionem de Olargio..... »

16 JUILLET 1476

In nomine Domini, amen. Anno nativitatis Christi millesimo quadringentesimo septuagesimo sexto, die vero sextadecima mensis Jullii, serenissimo principe et domino nostro domino Ludovico Dei gratia Franchorum regnante. Noverint universi et singuli presentes pariterque futuri quod cum reverendus in Christo pater et dominus dominus Anthonius Dei et Sancte Sedis apostolice gratia Sancti Poncii de Thommerii episcopus ex una parte *et nobilis Bernardus Truel habitator civitatis Sancti Poncii de Thommerii* ex alia partibus ut acthenus ad invicem inter se habuerunt agere, negotiare, et contractare in pluribus et diversis rebus et causis..... ....
....
....

Acta fuerunt hec omnia apud civitatem Sancti Poncii de Thommerii et infra domum episcopalem Sancti Poncii in presencia et testimonio venerabilis viri magistris Bertrandi Guilhoti in decretis baccalaurei

Sancti Pontii de Thommerii, Guillelmi Nigre barbitonsoris loci de Salva-
terra diocesis Ruthenensis familiaris dicti domini Sancti Pontii habitatoris, testium ad premissa vocatorum et mei magistri Johannis Corbiaci
junioris notarii publici civitatis Sancti Pontii de Thommerii habitatoris
qui in fidem, robur, et etestimonium omnium et singulorum premissorum signo meo publico et autentico hic me subscribendo signavi.

J. Corbiaci.

III

Noble PIERRE-GUILLAUME de TREIL

---

18 MAI 1488

Anno nativitatis Christi millesimo quadringentesimo octuagesimo octavo et die decima octava mensis Maii, serenissimo principe et domino nostro domino Karolo Dei gratia rege Francorum regnante, et reverendo in Christo patre et domino Anthonio miseratione divina et sancte sedis appostolice gratia Sancti Pontii De Thommerii episcopo presidente : Noverint universi et singuli présentes pariter et futuri quod apud Castrum de Olargio in mei notarii publici et testium infrascriptorum presencia, existens et personaliter constitutus *nobilis Petrus Guillelmi Trelli filius et heres universalis, ut dixit, nobilis condam Bernardi Truelli qui* confessus fuit et in veritate recognovit se legitime habuisse et recepice a nobili Anthonio de Montebruno condomino de Mota et Roayrosio Castrensis et Vavrensis diocesum presenti et recipienti videlicet xx libras turonenses de moneta hodie currente, quas xx libras turonenses dominus Anthonius debebat ratione dotis Johanne filie sue uxoris mei, de solucione anni presentis. de quibus xx libris turonensibus pro se et heredibus suis ipsum dominum Anthonium quitat et remittit. Acta fuerunt hec apud locum de Olargio sancti Pon→

cii Thom. diocesis et infra appothecam mei notarii infrascripti in presencia, audiencia et testimonio domini Petri Laguerre presbiteri et Mathei Carqueti dicti loci de Olargio et mei Anthonii Colatoris qui signum meum solitum apposui in fidem et testimonium omnium premissorum requisitus et rogatus.

A Colatoris.

24 FÉVRIER 1508

Acte par lequel « Jonsa Depus » marchand habitant de Castres se porte caution pour son beau-père « Petrus Belli » marchand habitant de Castres d'une somme de cinquante livres tournois que ce dernier devait à *noble Pierre-Guillaume Truel de Olargues* « *nobilem Petrum Guillermum Truelli de Olargio.* »

7 OCTOBRE 1508

Quittance donnée par « Johan Vaissier » et « Helerin » notaires d'Olargues à « Bernar Marti de Rospelhac » d'une somme de quinze florins, prix de « alcun heretage » qu'il avait acquis de *Guillaume Trueil fils de noble Bernar Trueil.*

15 AOUT 1517

Acte par lequel les consuls ou syndics de la ville de Saint-Pons de Tommieres constituent pour procureurs des affaires de la ville et du diocèse leurs collègues les consuls Antoine Gartole et Barthelemy Mossal. Cet acte est passé en présence de *noble Pierre-Guillaume Truel de Olargues l'un des témoins appelés* « in presentia et testimonio *nobilis Petri Guillermi Truelli de Olargio* [unus] testium vocatorum. »

IV

Noble JEAN-FRANÇOIS de TREIL

FILS DE NOBLE PIERRE-GUILLAUME DE TREIL

18 NOVEMBRE 1523

In nomine sancte Trinitatis et individue Unitatis patris et filii et spiritus sancti, amen. Anno nativitatis Christi quingentesimo vigesimo tercio et die decima octava mensis Novembris, serenissimo principe et domino nostro domino Francisco Dei gratia rege Francorum regnante. Noverint universi et singuli presentes pariter et futuri quod cum humani generis conditio mortem evadere non possit nec est qui divinum valeat effugere judicium donec in pulverem rediguatur et ad illum auctorem a quo sumpsit exordium revertatur coram quo quilibet christianus et quelibet christiana redditurus est et redditura plenariam rationem et quia cum nil sit morte certius nichilque incertius ejus hora, idcirco existens et personaliter constitutus nobilis *Petrus Guillermus Truel, Olargii, sancti Poncii Thom. diocesis habitator*, sanus mente et intellectu per Dei gratiam licet sit aliquali infirmitate sui corporis detentus, volens, cupiens et affectans super omnia saluti anime sue providere, dum plena fruitur memoria, taliter quod post ejus mortem sive decessum occasione bonorum suorum inter sui generis proximiores nulla litis, debati, nec questionis materia valeat oriri, nasci, sive succitari, in mei notarii publici et tes-

tium infrascriptorum presentia, suum fecit, condidit, disposuit et ordi-
navit suum ultimum ac irrevocabile testamentum nuncupatum suamque
supremam et ultimam voluntatem atque bonorum et jurium suorum pre-
dictorum divisionem seu dispositionem quod et quam hic scribi fecit et
eam perpetus et inviolabiliter voluit, mandavit atque jussit observari.   .

. . . .

Et quia heredis institutio est caput et fundamentum totius testamenti,
idcirco idem dominus testator in ceteris omnibus et singulis bonis suis
mobilibus et immobilibus ac per se moventibus rebus juribus et actio-
nibus suis quibuscumque, ubicumque existentibus, heredem suum uni-
versalem fecit, instituit ac ore suo proprio nominavit, nuucupavit et ap-
pellavit videlicet *Nobilem Johannem Franciscum Truel filium suum legi-
timum et naturalem* et nobilis quondam Johanne de Montebruno quem
sibi et in dictis omnibus bonis et tempore congruis veritatis testimonium
perhibeant. De quibus omnibus universis et singulis premissis dictus dominus testator requisivit dicto domino ejus heredi retineri fieri atque
tradi publicum instrumentum per me notarium publicum infrascriptum.
Acta et publice redacta fuerunt hec in dicto loco Olargii et in domo dicti
domini testatoris in presentia et testimonio Johannis Prati, Bartholomey
Moly, Jacobi Spia, Boneti Domergue, Johannis Carqueti, Stephani Fabre
et Johannis Beitrandi, dicti loci de Olargio, habitatorum testium ad premissa vocatorum et mei Johannis de Ponterivo publici dicti loci de Olargio auctoritate regia notarii qui requisitus de premissis hoc instrumentum
in notam recepi et hic signo meo auctentico consueto quo in instru-
mentis per me sumptis utor sequente signavi.

DE PONTÈ RIVO.

22 SEPTEMBRE 1550

Acte par lequel noble Antoine de Patau « *nobilis Anthonius de Patau* » est mis en possession du prieuré de Saint-Martin et de Saint-Médard de Fenouillet, Haute-Garonne, arrondissement et canton de Toulouse « in realem, actualem et corporalem possessionem prioratus beatorum Martini et Medardi loci de Fenolicto » *en présence de Noble Jean-François de Truel d'Olargues,* appelé comme témoin « *in presentia nobilis Johannis Francisci de Truel de Olargio* [unus] testium ad premissa vocatorum. »

CHABBERT, notaire.

V

Noble FRANÇOIS de TREIL

FILS DE NOBLE JEAN-FRANÇOIS DE TREIL

23 DÉCEMBRE 1567

Pactes de mariage que se fera au plaisir de Dieu entre *Noble François de Truel seigneur de La rudonnière fllz legitime et naturel à Noble Jehan-François de Truel escuyer* et de damoyselle Marguerite de Alibert d'une part et damoyselle Gabrielle d'André fille légitime et naturelle à *Noble Pierre Andre seigneur de Elips* au diocese de Saint Pons de Thomieres d'aultre, faictz et accordes entre les dites parties en la presence et consentement des pere et mere et de plusieurs aultres leurs parens et amys sy apres signes.

Premièremeut est pacte que ledit *noble François de Truel* promect prendre pour sa femme et loyalle expouze ladicte Gabrielle de Andre toutes les foys que par elle ou les siens en sera requis. Pareillement la dicte *damoyselle* Gabrielle Andre promet prendre pour son mary et loyal expoux ledict *noble François de Truel* toutes les foys que par luy en sera requise les solempnictes en ce requises observees.

Et pour supporter les charges dudict mariage futeur *ledict noble Pierre de Andree* par teneur des presens pactes constitue en dot à icelle damoyselle de Andre pour tous droictz et actions paternels et maternels assavoir la somme de mil escus soleil vailhans deux mil cinq cens livres tournois et trois cens soixante livres pour metre en accoutremens, laquelle susdicte somme de mil escus luy promect payer assavoyr le jour de la celebration dudict mariage neuf cens livres tournois dudict jour en ung an cens livres et ainsin continuant semblable payement d'an en an cent livres jusques a ce que toute la somme de unze cens livres soit entierement payée et les dicts accoutremens jusques à la valleur de la dicte somme de troys cens soixante livres assavoir troys cens livres le dict jour de la celebration dudict mariage entièrement et les aultres soixante livres à recevoir vingt livres d'an à an de Pierre Guillemon quy a arrenté pour ce pris et somme la moytié des fruictz du fief de Elix pour le temps et espace de trois ans par acte receu par moy notaire soubzsigne le huictieme jour du moys de juing dernier. Et moyennant ce est pacte accordé entre les dictes parties que la dicte damoyselle Gabrielle de Andre, du consentement dudict noble François de Truel son futeur mary quictera tous les dicts droicts et actions paternels et maternels.

Plus est pacte accorde entre les dictes parties qee de presant les dicts futeurs maries reciproquement ageussent l'ung a l'aultre au survyvant d'iceulx tant sur la repetition dudict douaire que restitution d'icelluy en la somme de cinq cens livres tournois laquelle le dict noble François de Truel assigne a la dicte damoiselle Gabrielle de Andree advenant le cas de repetition ensemble la precedante somme de mil escus sur tous et chascuns ses biens generallement et pareillement la dicte damoyselle Gabrielle d'Andre sur la restitution du bloc de la dicte somme de mil escus au dict noble François de Truel.

Plus est pacte accorde les dictes parties que advenant le cas que le dict de Truel decedast premyer que la dicte damoiselle avec enfans procrées de leur dict futeur mariage ou sans enfans tant que la dicte damoyselle Gabrielle de Andre vivra en ce monde après le deces dudict de Truel viduellement et honnestement vivant sera mestresse et usuffructuaresse de tous et chacuns les biens du dict de Truel, reservé l'entretenement et norriture des enfans sy poinct en y a, au temps de la dissolution dudict mariage.

Lesquels pactes les dictes parties et une chacune d'elles respectivement promectent tenir, garder et observer de poinct en poinct cellon leur forme et teneur et n'y contrevenir aulcunement et pour le tout tenir et observer obligent tous et chacuns leurs biens aux rigueurs du grand seau mage de Carcassonne, Beziers, petit de Montpellier et chacun d'iceulz renunceantz à tout droict par lequel y porroyent contrevenir et ainsin par serment presté le livre touché de leurs mains dextres l'ont affermé et de tout ce dessus les dictes parties ont requis acte et instrument leur estre retenu par moy notaire royal et soubzsigne ; ce qu'a esté faict au chasteau du lieu de la Salvetat, dioceze de Sainct Pons de Thomieres le vingt troysieme jour du moys de Décembre l'an mil cinq cens soixante sept en presences de noble Jehan de Monteaux, de Jehan de Maurel, de Maurin-Gartholle, de Gaspard Guibbal, de Pierre Cahusac, de Jehan Accaries et Folcran Molinier de Saint-Pons.

Truel.

Truel.

J. de Monteaux.

M. Garthoule.

Acaries,

Causac.

J. Molenier,

G. Andre.

P. Andre.

J. Maurel.

Guibalh.

Et moy

Chabbert.

5 FÉVRIER 1567

Acte par lequel Pierre Despaulx, marchand de Saint-Pons de Thommières, et Guillaume Guy, habitant de la même ville, pour terminer un différend qui s'était élevé entre eux, s'en remettent « *au dire et jugement de noble Françoys Truel*, Bernard Guirand et Darde Fabre, dudit Saint-Pons de Thommières.»

20 DÉCEMBRE 1567

Quittance donnée par Jean Granier à « *Noble François Truel* » d'une somme de cent onze livres, pour la plus value d'une vigne, au territoire de Premian, vendue par ledit Jean Granier audit noble François Truel moyennant cent écus.

11 AVRIL 1571

L'an mil cinq cens soixante-unze et le unziesme jour du mois d'Avril, dans la citté de Castres senechaussée de Carcassonne, régnant souverain prince Charles par la grace de Dieu roy de France, par devant moy notaire et tesmoings soubzsignés, constitué en personne *Noble Jehan François de Truel*, lequel a constitué son procureur noble *François Truel, son filz*, pour et au nom du constituant lever, recouvrer et recevoir des héritiers ou bien tenans du feu Nicolas Caumont, quand vivoit vicguier de la Bastide Rocgrousse, du diocese de Saint-Pons de Thomieres, la somme de cent huit livres tournois en laquelle ledict feu Caumont estoit obligé au dict sieur constituant et pour, le dict payement entièrement faict, bailler acquit et quittance souffizante et generalement en ce dessus et qui en depend fere requerir et procurer comme le constituant feroit et fere pourroit sy estoit present. Le tout a promis avoir agréable et ratifier soubz l'obligation de ces biens que a soubzmis à toutes rigueurs de justice et ainsy l'a promis et juré en presences de Mes Jehan, Boyé, Jehan de Jordy, basochiens de Castres et de moy Jehan Bonafos, notaire royal soubzsigné qui ay retenu l'acte.

J. TRUEL,

BONAFOS, *notaire,*

DE JORDY, *present.*

BOYER, *present.*

26 FÉVRIER 1572

Quittance donnée par « vénérable et religieux homme frère Tristand de Thesan, prieur maige du vénérable chappitre de l'esglise cathedralle de Sainct Pons de Thomieres » à « *noble François de Truel* » de « la somme de quatre cens livres que » ce dernier « luy devcit pour aimable prest. »

10 OCTOBRE 1578

Monsieur de Treyl, m'assurant de votre bonne affection en mon endroict, je vous ay bien voulu advertir que je m'eu viens de recuilhir la Royne mere et ma femme à la Reolle ou toutes choses se sont passées au souhait et contentement d'unq chacun, mesmes pour l'establissement et entretenement de la paix dont nous avons desjà commencé à traicter et s'en fera, Dieu aydant, une bonne résolucion à Lisle en Jourdain ou je les yray retrouver, et partiray d'icy le XVᵉ de ce moys et pour ce que j'ay congédyé la plus grand part des seigneurs et gentilyhommes qui me sont venus accompaigner audit Recueil pour ne les constituer point en grand despance. Je desire estre acompaigné audit voiage de certain nombre de mes autres amys, qui est cause que, vous tenant de ce dit nombre, je vous prye de me venyr trouver à Leytoure, ou je m'en yray ou partir d'icy le dit jour ou si vous ne peuvez venir là que ce soit au dit Lisle le XVIII ou XX, vous assurant que me ferez ung bien grand plaisir que je recognoistray la ou j'auray le moien d'aussy bon cœur que je prye Dieu, monsʳ de Treyl, vous tenir en sa sainte garde, de Nerac ce 7ᵐᵉ jour de octobre 1578.

Votre bien afectioné amy,

HENRY.

VI

Noble JEAN de TREIL

FILS DE NOBLE FRANÇOIS DE TREIL

------

12 JANVIER 1590.

En la presence de moy notaire royal soubzsigné *noble Jehan de Truel* a confessé avoir receu de Mᵉ Anthoine Domnenge chappelier de la vi[lle] de Sainst-Poncz de Thomieres present la somme de [trente escus soleil] que le dict Dommenge luy devoit p.............. .... oblige receu par Mᵉ Jehan Ambla.................... Sainst Poncz comme ayant respondu de.....................Jehan de Truel pour Pierre Belot marchant....................... Salvetat son cousin, lequel instrument promest [le dict]........ de Truel luy faire canceller à sa première requisition de laquelle somme de trente escuez soleil quicte le dict Domnenge et le dict Pierre Belot. Faict au dict Saint Poncz de Thomieres le doutziesme jour de janvier l'an mil Vᵉ quatre vingtz dix.

BOLETE.

11 NOVEMBRE 1596

Partage de la succession de Jacques Frances, laboureur, habitant du

« masaige d'Usclatz, terroir et juridiction de St Pons » entre ses enfants Barthelemy, Raimond et Jehan Frances.

Dans cet acte les héritiers énumérant les charges de la succession
reconnaissent devoir à « *noble Jehan de Truel, sieur de La Rondonnière* »
une somme de « quatorze escus. »

VII

Noble FOLCRAND de TREIL

FILS DE NOBLE JEAN DE TREIL

---

5 JUIN 1630

L'an mil six cens trente et le cinquiesme jour du mois de juin, regnant tres chrestien prince Louis, par la grace de Dieu roy de France et de Navarre, dans la ville de Sainct Pons de Thomieres, par devant moy notaire royal soubzsigné, presens et tesmoingz bas nommés, ont esté presens et constitués en leurs personnes le sieur Guillaume Carrière, du lieu d'Olargue, diocèse de Saint Pons de Thomieres, d'une part, *et noble Folcrand de Truel du dit lieu, s^r de la Rondonnière, fils légitime et naturel de feu noble Jean de Truel et de* damoiselle Anthonete Armand, d'autre, lesquelz de leur bon gré par teneur de cest instrument ont faictz et passee pactes de mariage à l'honneur de Dieu comme s'ensuit : c'est que le sieur Carriere avec le conseil et presence du sieur Jean Carriere son frère, de Me Jean Amblard bachelier en droictz, notaire royal et procureur jurisdique de la dite ville de Sainct Pons, de Me Jean Louis Amblard, advocat, son filz, des sieurs Jean Delort et Jean Castelbon, ses parens, et autres ses amis, a promis et promet au dit sieur de Truel acceptant luy donner en mariage et loyalle espouse damoiselle Catherine Carriere sa fille legitime et naturelle et de feuë damoiselle Estienete

4

Montal quand vivoit sa femme et luy faire solempniser le mariage en face de sainte mère l'Eglise catholique, appostolique, romaine, ce jourd'huy mesmes. Et semblablement le dit sieur de Truel avec l'advis, presence et consentement *de noble Jean de Truel,* son frère, de noble Jean de Guibbart sieur de La Faysses, de noble François de Cabrol, des sieurs Anthoine Bardy et Jean Calas et autres ses amis, a promis au sieur Carriere, acceptant, prendre et espouser a femme en la dite église la dite damoiselle Catherine Carriere, sa fille, et solempniser le dit mariage ce mesme jour. En faveur et contemplation duquel mariage le dit sieur Guillaume Carriere a donné et constitué en dot à sa dite fille présente et acceptante et consentante la somme de trois mille livres tournois pour tous biens, droictz et actions paternelz et maternelz que sa dite fille pourroit avoir et pretendre sur iceux soit par droict de légitime suplement d'icelle succession, quartz trebelianique et autres quelconque. Et oultre le dit sieur Jean Carriere, oncle de la damoiselle Catherine Carriere a donné et constitué de son chef à sa dite niece en faveur et contemplation du dit mariage la somme de cent livres tournois, payable la dite somme de trois mille livres de la constitution dotalle du sieur Carriere père dans l'an après la consommation et accomplissement du dit futur mariage et les dites cent livres de la constitution du dit sieur Carriere son oncle presentement, réallement et de comptant septante cinq livres tournoiz en quatre pistolles d'or d'Espagne cinq quince testons et le demeurant en quartz d'escu et monnoye, faisant la dite somme de septante cinq livres receuë et embourcée par les dits futeurs maries à leur consentement et les vingt cinq livres tournoiz restante dans six mois prochains, lesquelles septante cinq livres le sieur de Truel futeur espoux a recogneuë et recognoist à la dite damoiselle Catherine Carriere sa futeure femme, comme promet aussi recognoistre les dites trois mille vingt cinq livres tournois restant des dites constitutions après les avoir receues sur tous et chacuns ses biens meubles, immeubles, noms, droitz et actions qu'il a et pourroit avoir de present et à l'advenir pour arrivant le cas de repetition (que Dieu ne veuille), restituer le tout comme apparoistra l'avoir receu et moyenant ce le sieur de Truel sera tenu, comme promet, d'orner et habiller la dite damoiselle Carriere, sa future espouse de robes, bagues et joyaux decentz a sa qualité et comme bon luy semblera. Lesquelles robes et joyaux qu'il luy aura faictz il luy donne des maintenant. Si se donnent le premourant des futeurs maries au survivant d'eux la somme de cent livres tournois, laquelle somme sera légitimement acquise au survivant. Et pour l'observation du contenu au present instrument, les dites parties, chacune comme la concerne, en ont obligé leurs biens presens et a venir qu'ont respectivement soubzmis à toute rigueur de justice, renonçant à tout droict à ce contraire et ainsi l'ont juré sur les Saintz Evangilles. Faict et recité apres midy dans ma maison presence d'Estienne Bertrand et Jean Marly clerz dudit Saint Pons signés avec les dites parties et moy Guillaume Chabbert notaire royal du dit Saint Pons.

TRUEL	CARRIERE.
J. TRUEL.	J. CARRIERE.
DELORT.	AMBLARD.
FRANÇOIS DE CHABROL.	LAFFAISES.
J. CALAS.	AMBLARD.
J. BAEDY.	
BERTRAND.	MARLY.

CHABBERT, notaire royal.

5 MAI 1629

Reconnaissance faite par Bertrand et Jean Paux frères, *à noble Folcrand de Truel*, d'une somme de trente-quatre livres (payable à la Saint-Michel, c'est-à-dire le 30 septembre 1629) prix d'une certaine quantité de blé à eux vendue.

29 SEPTEMBRE 1659

Echange fait entre *a noble Folcrand Truel, fils à feu noble Jean de*

Truel d'Olargue » et « Siprian Cheron ». de terres sises dans « la Mazade des Herictz. »

1ᵉʳ JANVIER 1661

Acte par lequel « Andrén Ouvrier, habitant du Mas des Eugnies, terroir de Roquebrun » reconnaît devoir une somme de soixante-six livres que « *noble Folcrand Truel* du lieu de Olargue » lui a versée à titre de « prest gratuit. »

VIII

Noble ANTOINE de TREIL

FILS DE NOBLE FOLCRAND DE TREIL

----

22 SEPTEMBRE 1670

Échange par devant notaire Entre « *noble Antoine Truel*, du lieu d'Olargues audit diocèze d'une part, et Marguerite Villair. »

9 DÉCEMBRE 1670

Contrat de mariage de « *noble Antoine Truel*, fils de noble Folcrand, et de leur damoizelle Caterine Carrière, mariés, du lieu d'Olargues, » pardevant François Roger, notaire royal.

30 NOVEMBRE 1672

Obligation de payer « *à noble Antoine Truel*, d'Olargues, ici présant, stipulant et acceptant, scavoir est la somme de cent neuf livres tournois et interets pour reste de plus grande somme » pardevant M⁰ Jacques Coulza, notaire royal d'Olargues.

26 DÉCEMBRE 1677

Vente devant M° Jacques Coulza, notaire Royal d'Olargues « *à noble Antoine Truel, fils à noble Folcrand*, d'Olargues icy presant et acceptant.* »

18 AOUT 1679

Obligation pardevant notaire de payer « à *noble Antoine Truel, fils de noble Folcrand*, du lieu d'Olargues, icy presant et acceptant, scavoir est la somme de quatre cent trois livres de vingt solz. »

IX

Noble JOSEPH de TREIL

FILS DE NOBLE ANTOINE DE TREIL·

IO SEPTEMRRE 1708

L'an 1708 et le 10ᵉ jour du mois de septembre apres midy dans la Salvetat, dioceze de Saint-Pons, senechaussée de Beziers, Regnaut tres chretien prince Louis, roy de France et de Navarre, pardevant moy, notaire Royal et presens les temoins, a l'honneur et gloire de Dieu, mariage a ete traité, convenu et accordé comme s'ensuit :

Premierement a été constitué personnellement le sieur *Joseph Treil, fils du sieur Antoine Treil, bourgeois d'Ornac.*

Signé : POUMAYRAC, *notaire.*

14 DÉCEMBRE 1756

Jean-Baptiste de Machault, chevalier, garde des sceaux de France, ministre et secrétaire d'État, commandeur des ordres du Roi, a tous ceux qui ces présentes lettres verront, salut :

Savoir faisons que, pour la confiance que nous avons en la personne du sieur *Joseph Treil*, et en ses sens, suffisance, capacité et expérience, pour ces causes, nous l'avons, en vertu du pouvoir a nous donné par le Roi, notre souverain seigneur, nommé et présenté, nommons et présentons par ces présentes à Sa Majesté pour, sous son bon plaisir, être pourveu d'un office de conseiller secrétaire du Roy, maison, couronne de France en la chancellerie près la cour des comptes, aydes et finances de Montpellier........

Signé : MACHAULT.

7 JUIN 1757

Pardevant nous, notaire royal et temoins fut present Joseph Donnadieu ;

Lequel par cet acte fait vente.........*à noble Joseph Treil, citoyen dudit Saint-Pons.....*

14 OCTOBRE 1758

Pardevant nous, notaire royal et temoins soussignés fut present Barthélemy Decor.....

Lequel par cet acte fait vente.........*à noble Joseph Treil, citoyen dudit Saint-Pons. ...*

28 MARS 1759

Pardevant nous, notaire royal et temoins soussignés fut present le sieur Jean-Pierre Jarla ;

Lequel par cet acte fait vente.........*à noble Joseph Treil, citoyen de Saint-Pons ;*

28 FÉVRIER 1763

L'an 1763 et le 28ᵉ jour du mois de fevrier dans la ville de Saint-Pons de Thomières, après midy, devant nous, notaire Royal dudit Saint-

Pons soussigné et témoins bas nommés fut present *messire Joseph Treil,
ecuyer, conseiller, secretaire du Roy en la chancellerie près la souveraine
cour des comptes, aydes et finances de Montpellier,* demeurant ordinairement à la ville de Saint-Pons, lequel a fait et constitué son procureur
general et special messire François Treil, baron de Pardailhan, auquel il
donne pouvoir de pour lui et en son nom accepter la vente pure et irrevocable des terres et seigneuries de la Caunette et Aignes situés au dioceze de Saint-Pons avec tous leurs droits utiles et honorifiques.

ALAUSE, notaire.

8 MARS 1763

L'an 1763 et le 8ᵉ jour du mois de mars à 2 heures après midy dans
notre etude, pardevant nous notaire royal de ladite ville soussigné.....

De suite a comparu messire François Treil, seigneur baron de Pardailhan, faisant pour *noble Joseph Treil, son père, conseiller, secretaire
du Roi, en la chancellerie près la cour des comptes, aydes et finances de
Montpellier,* lequel offre de faire l'acquisition.....

Et de suite ledit seigneur d'Ouvrier, de l'avis et conseil de Mᵉ Cluzet,
son curateur, a fait vente pure et irrevocable en faveur dudit *messire Joseph Treil, conseiller, secretaire en la chancellerie près la cour des
comptes, aydes et finances de Montpellier.*

Des terres et seigneuries de la Caunette et Aignes, situées audit dioceze de Saint-Pons, avec tous leurs droits utiles et honorifiques.

MUQUET, notaire.

22 SEPTEMBRE 1765

L'an 1765 et le 22ᵉ jour du mois de septembre, après midi, dans le
chateau de Pardailhan, diocèse de Saint-Pons de Thommières, pardevant
nous notaire royal et temoins soussignés, fut present Jean Ferran Bras-

5

sier, habitant du lieu de la Caunette, lequel par cet acte fait vente pure, simple et à titre incommutable à *noble Joseph Treil, conseiller du Roy et son secretaire, baron et seigneur de la Caunette, Aigne et autres places.*

COULON, *notaire.*

IO AVRIL 1775

Pardevant nous Antoine Pomayrol, notaire royal de ladite ville et en presence des témoins bas nommés, a ete en sa personne *noble Joseph de Treil, seigneur de la Caunette et autre lieux. residant audit St-Pons,* lequel de gré par le présent acte a fait et fait vente ....

18 JUILLET 1772

Je soussigné, *Noble Joseph Detreil,* citoyen de Saint-Pons de Thomières, étant par la grâce de Dieu en assés bonne santé, sain d'esprit et de jugement, considérant que la disposition de mes biens est une des principales choses dont j'aurais à rendre compte à Dieu par le reglement de ma famille affin d'éviter tous les moyens de discussion entre'elles, c'est pourquoi j'ay résolu de faire mon testament en la forme qui suit :

M'etant muni du signe de la croix, j'ai recommandé mon âme à Dieu, le suppliant d'en avoir pitié, de me pardonner mes péchés par l'effet de sa miséricorde et par les mérites infinis du sang de mon Sauveur Jesus-Christ, c'est ce que je lui demande par l'intervention de la Très-Sainte Vierge Marie et de tous les Saints du Paradis pour pouvoir le louer et benir à jamais dans le Ciel dans la Compagnie des Esprits bienheureux.

Je laisse le soin de ma sépulture, de mes honneurs funèbres et des prières pour le repos de mon âme, à la disposition de mon héritier, fixant seulement vingt messes dans l'église paroissiale Saint-Martin de Saint-Pons, pareil nombre de vingt messes dans chacune des églises des trois paroisses de Pardailhan, ensemble vingt messes dans chacune des églises des deux paroisses de la Caunette et Aigue, que je désire être célébrées pour le repos de mon âme ou de celles de mes proches, notamment de ma chère et défunte épouse, dans le mois qui suivra mon décès et dont l'honoraire sera payé à raison de vingt sols la messe.

Je donne et lègue aux pauvres nécessiteux de Saint-Pous la somme de soixantes livres, à ceux des trois paroisses de la terre de Pardalhian, pareille somme de soixante livres, et à ceux des paroisses de la Caunette et Aigue pareille somme de soixante livres, pour le tout être distribué dans la huitaine de mon décès, par mon héritier de concert et avec l'assistance des curés de chacune des dites paroisses.

Je déclare que de mon mariage avec défunte dame Marie d'Azaïs j'ai eu plusieurs enfants dont huit actuellement exc tant ou par eux-mêmes ou par leurs descendants.

Je donne et lègue à Joseph Treil, mon fils, chanoine de l'Église Cathédrale de Saint-Pons la somme de 12,000 livres. . . . .
. . . .

Plus je donne et lègue à Jean Antoine Treil, chanoine et archidacre de la même église cathédrale de Saint-Pons et à Antoine Treil de Lavallongue, aussi mes enfants, à chacun pareille somme de douze mille livres.

. . . .
. . . .
. . . .

Je déclare qu'Alexandre Treil mon autre fils ayant été marié avec demoiselle Élisabeth-Robert, est décédé, laissant à lui survivants du dit mariage un garçon et une fille auxquels deux enfants, mes petits enfants, Marie Dominique Treil et Jeanne Élisabeth Treil qui représentent mon dit fils Alexandre je donne et lègue la somme de douze mille livres. . .

. . . .
. . . .
. . . .

Comme je veux donner à Marie Élisabeth Treil ma petite fille une preuve plus particulière de ma tendresse pour elle, je lui donne et lègue en son particulier une somme de trois mille livres à prendre sur tous et chacun mes biens, que mon héritier sera tenu de lui payer lors de son mariage ou à sa vingt-cinquième année, sans intérêt jusqu'à cette époque.

Je déclare que Marianne Treil ma fille mariée à M. Pradier, de la ville de Clermont Lodeve, est décédée, et qu'ayant eu une fille nommée Jeanne Pradier, mariée avec M. Pelletan, citoyen de la même ville, celle ci est aussi décédée, laissant à elle survivant un fils nommé Mathieu Pelletan, qui se trouve représenter la dite Marianne Treil, ma fille et sa grand'mère, auquel dit Mathieu Pelletan je donne et lègue la somme de douze mille livres. . . . .

. . . .

. . . .

Je donne et lègue à Agathe Treil, ma fille, époux de M. Delecoulz, citoyen de la ville d'Alby, la somme de douze mille livres. . . . . . .

. . . .

. . . .

. . . .

Je déclare que Monique Treil, ma fille, ayant été mariée avec M. Jean-Marie Amblard citoyen de la ville de Saint-Pons, est décédée, ne laissant à elle survivante qu'une fille nommée Rose Amblard, mariée avec M. de Villeneuve, à laquelle Rose Amblard, ma petite fille représentant ma fille Monique, et à son défaut à ses enfants collectivement, en cas où elle vint à me prédécéder, je donne et lègue la somme de douze mille livres. . . . .

. . . .

. . . .

Et au surplus de tous et chacun mes biens, meubles, immeubles, noms, voix, droits, actions, raisons et prétentions généralement quelconques, qui se trouveront m'appartenir lors de mon décès je fais, nomme et institue mon héritier universel et général *François de Treil, mon fils seigneur et baron de Pardailhan*, pour par lui jouir et disposer librement de mon entière hérédité à ses plaisirs et volontés tant en la vie qu'en la mort.

C'est ainsi que j'ai fait et ordonné mon présent testament et disposition de ma dernière volonté. . . . .

. . . . :

Fait à Saint-Pons dans ma maison d'habitation ce dix huit juillet mil sept cent soixante-douze.

TREIL, signé.

Contrôlé à Saint-Pons le 4 juillet 1779. Reçu soixante-dix livres.

RORIOS, signé.

L'an mil sept cent soixante-douze et le vingt-deuxième jour du mois de juillet dans Saint-Pons de Thomières, après midi, par devant nous notaire royal de ladite ville, presents les témoins bas-nommés, a été constitué en sa personne *noble Joseph de Treil citoyen dudit Saint-Pons*, lequel étant en parfaite santé, libre de tous les sens, ncus a présenté et remis en la main de nous dit notaire, en présence desdits témoins, le présent cahier contenant trois feuilles papier timbré de 3 sols 6 deniers en dix pages d'écriture, cousus avec un petit ruban de soie souci foncé, *clos et scellé aux quatre coins du cachet de ses armes*, empreint sur cire d'Espagne rouge ardente, dans lequel cahier le sieur Treil déclare avoir fait écrire d'une main à lui affidée son testament mystique et disposition de sa dernière volonté, qu'il dit être daté de sa main et signé de son seing ordinaire à la fin et au bas de chacune desdites dix pages qui le composent, déclarant en outre qu'il veut que ledit testament soit exécuté après son décès suivant sa forme et teneur, qu'il soit ouvert, lu et publié et enregistré par nous dit notaire, notre successeur ou tout autre, sur la simple réquisition qui en sera faite par *messire François Treil de Pardailhan son fils* ou tel autre de ses enfants, sans observer aucune formalité de justice, déclarant de plus et en tant que de besoin qu'il défend et prohibe tout inventaire des effets de son hérédité après son décès, à peine de

tout principal dépens, dommages et intérêts contre qu'il appartiendra :
de quoi ledit testateur prie les témoins bas-nommés de vouloir être mé-
moratifs, et a requis nous dit notaire lui en concéder cet acte de souscription, ce que nous avons fait de notre main de suite et sans nous di-
vertir à d'autres actes. — Fait et passé à Saint-Pons dans la maison d'habitation dudit sieur testateur et à lui lu et récité, en présence de noble
Jean-François de Michelet, des sieurs Antoine Gavoy, médecin chirurgien,
— Pierre Clément Cabot Laffou, M. Louis-Barthelemy Clavet. marchand
tailleur d'habits. Marc Ain, marchand, Jean Cullier, marchand tous habitants dudit Saint-Pons, signés et pris en témoins. — Signés avec ledit
testateur et nous Pierre Terral, notaire royal dudit Saint-Pons pour requis
soussignés : Treil de Michelet, Gavoy, Ain, Clavet, Cadet, J. Cullier,
Laffon-Terral, notaire royal, signé. — Contrôlé à Saint-Pons le 4 juillet 1779. Reçu quatorze sols.

RORIOS, signé.

Procès-verbal d'ouverture.

L'an mil sept cent soixante dix-neuf et le troisième jour du mois de juillet après-midi, deux heures du soir, dans le domicile de nous Pons-Pierre-
Paul-Alexandre Alauze. notaire royal dudit Saint-Pons.

Est comparu *Messire François Treil de Pardailhan seigneur dudit lieu
et autres places citoyen dudit Saint-Pons, lequel nous a dit que M. Joseph
Treil citoyen dudit Saint-Pons,* serait décédé sans sa maison le quatorzième mars dernier, que par la confidence que celui-ci en avait fait il lui
dit qu'il avait un testament clos dont l'acte de souscription a été retenu par
feu M*e* Terral notaire de cette ville à l'office et nottes duquel nous avons suc-
cédé par lequel il a lieu de présumer être son héritier universel et comme il
lui importe de savoir la vérité, il nous requiert de nous transporter au domicile dudit *M*e* Joseph Treil* pour faire l'ouverture dudit testament, ayant
fait prier les parents dudit *M*e* Treil* de s'y trouver de même que les témoins nommés à la dite souscription.

Surquoy, nous dit notaire, ayant égard auxdites réquisitions dudit François de Treil, nous sommes transportés dans la dite maison dudit Me Joseph Treil, ou étant et ayant la présence de M. Jean Antoine Treil de Pardailhan, archidiacre en l'Église cathédrale dudit Saint-Pons, de M. Joseph Treil Dornac, chanoine dudit chapitre, fils du deffunt, de M. Jean-Joseph-Marie de Villeneuve de Crousillat, chevalier, ancien capitaine au régiment de Bourbon, seigneur et baron d'Hauterive; Ventrou et La Castre, habitant dudit Saint-Pons, époux de dame Marguerite-Rose Amblard, petite-fille du deffunt, du sieur Barthelemy Clavel, marchand tailleur, et noble Jean-François Demichelet, de Pierre-Clément Cabot Lafface et sieur Marc Aïn, témoin à la dite souscription, malades ou absents, il nous requiert de faire faire aux susdits témoins l'aveu et reconnaissance de leur seing, tant de celui dudit feu M. Treil que de ceux mon dit sieur Demichelet Laffou et Aïn, et ce fait, de procéder à l'ouverture, lecture et publication dudit testament, que nous avons exhibé, fermé avec du ruban, soye rouge et cachetée aux quatre bouts *avec le cachet dudit déffunt représentant l'écusson de ses armes sur cire rouge*, duquel acte de souscription nous avons fait lecture de teneur.................. ......

....

et présens à tout ce dessus, M. Jacques Delpy de Saint-Geyrat, prêtre chanoine en l'Église Cathédrale du d. St-Pons, de M. Paul Benaben, prêtre pronoteur de l'évêché de Saint-Pons, témoins, à ce requis, signés avec ledit sieur requérant et les susdits parents et nous pour Pierre-Paul-Alexandre Alauze, notaire royal du dit Saint-Pons requis, Pardailhan, Treil chanoine, Treil Pardailhan ar. v. g. Villeneuve. Gavay, Clavel, Cullier, Saint-Geyrat Benaben, Alauze, notaire, R. signés, cachetés à Saint-Pons le 4e juillet 1779, reçu quatorze sols.

Signé, RORIOS.

A l'original duquel le présent a été extrait par nous, notaire soussigné.

Signé, ALAUZE.

8 JUILLET 1765.

Pardevant nous, notaire royal de ladite ville (Toulouse), soussigné, fut présent le sieur Pierre Fouert.......

Lequel dit sieur Fouert, en ladite qualité a tout présentement et reellement reçu de *messire Joseph Treil, baron de la Caunette*.......

13 JUIN 1767.

Pardevant nous, notaire royal dudit Saint-Pons, et présens les témoins soussignés, fut présent *messire Joseph Treil, écuyer, conseiller, secrétaire du Roy, Maison, Couronne de France, en la chancellerie près la Cour des Comptes, aydes et finances de Montpellier, seigneur de la Caunette et Agne.*

. . . .

Lequel fait donation pure, entre vifs et irrévocable en faveur dudit sieur François Treil, baron de Pardailhan, son fils, à ce présent, acceptant et très-humblement remerciant ledit sieur son père, savoir est, des terres et seigneuries de la Caunette et Agne, situées au présent dioceze.

. . . .

20 AVRIL 1770.

Pardevant nous, notaire royal de ladite ville (Toulouse), soussigné, fut présente demoiselle Marie-Roze de Lamée, habitante de cette ville,

Laquelle a tout présentement et réellement reçu de *messire Joseph Treil, conseiller, secrétaire du Roy, en la chancellerie près la Cour des Comptes, aydes et finances de Montpellier*.......

23 AOUT 1770.

André-Hercule de Rosset de Rocossel, duc de Fleury, pair de France, etc.

Au premier huissier ou sergent requis comme en l'instance pendante entre parties ,

A été rendu l'appointement suivant :

Entre *noble Joseph Treil, baron et seigneur de la Caunette*, demandeur.

. . . .

X

Messire FRANÇOIS de TREIL

FILS DE NOBLE JOSEPH DE TREIL

---

29 JUILLET 1752

CONTRAT DE MARIAGE.

Par devant les conseillers du Roy, notaire au Châtelet de Paris, soussignés, furent presens.

Messire François Treil, Baron, Seigneur de Pardailhan, Conseiller-Secrétaire du roy en la chancellerie près la cour des aides de Montpellier, demeurant ordinairement en la ville de Saint-Pons, en Languedoc, étant de présent logé chez le S. Lossedat, directeur des domaine du roy, rue des Fossés Montmartre, paroisse Saint-Eustache, ledit seigneur de Pardailhan, majeur emancipé par M. son père, fils de *Messire Joseph Treil*, seigneur de St Martial et de Saint Jean en Languedoc.

. . . .
. . . .

Signé, Touvenet, notaire.

6

22 JUIN 1867

Extrait des registres, de la Cour des comptes aydes et finances.

Entre noble François Treil de Pardailhan, baron et seigneur dudit lieu, baron et seigneur de la Caunette et seigneur d'Aigue.

Demandeur par requette de cejourd'huy à ce qu'il plaise à la Cour le recevoir à preter la foy homage et serment de fidélité qu'il doit au Roy à cause de la baronnie de la Cannette et seigneurie d'Aigue, consistant en la totalité de la justice haute, moyenne et basse, mère mixte et impere, avec faculté de créer juge baillif et autres officiers pour l'administration de la Justice, de prendre le droit de queste, fournage, bannier, lods et ventes, censives en grains, en argent, poules, usages, tasques, champars et autres droits seigneuriaux. — Ensemble de tous les autres droits et biens nobles exprimés et non exprimés, le tout scis et scitué dans le diocèze de Saint Pons et Thomières sénéchaussée de Carcassonne, comme le tout mouvant en plein fief, foy et hommage de Sa Majesté, et ce en la personne de M. Benezech, procureur en la Cour, fondé de la procuration dudit Sʳ Treil de Pardailhan, en datte du quatorze de ce mois reçus par Coulon, notaire de Saint-Chiniau d'une part.

Et le Procureur du Roy défendeur d'autre.

Benezoch pour ledit Treil de Pardailhan.

Le Procureur général du Roy.

La Cour a ordonné et ordonne que le dit Benezoch, en la qualité qu'il procède, sera reçu à la foy, homage et serment de fidélité qu'il doit au Roy, pour raison de la Baronnie de la Caunette es seigneurie d'Aigue, terres et droits seigneuriaux en dépendant dont s'agit, sauf les droits du roy et d'autruy.

Et à l'instant s'étant mis à genoux, les mains jointes entre celles de M. le Président Dalco, il y a été reçu et promis de tenir de Sa Majesté la

d. baronnie et dépendance, lui être bon, loyal, fidèle sujet et vassal, def-
fendre dans les occasions sa personne et son Etat. à la charge de remettre
son aveu et dénombrement devers le greffe de la Cour, dans quarante
jours suivant l'ordonnance.

Fait et prononcé judiciellement à Montpellier, en la d Cour le vingt-
deux Juin mil sept cent soixante-huit.

Signé, DEVIÈS, greff.

Registré ès du bureau des finances de la généralité de Montpellier, pour
jouir par ledit Sr François Treil de Pardailhan, de l'effet y contenu suivant l'ordonnance de ce jourd'huy quinzième juillet 1768.

DEUXIÈME PARTIE

Etat de terre noble de la Baronnie de **PARDAILHAN**

I

Arrêt de la Chambre du domaine, du 24 décembre 1699

Entre Jean François de Portes, conseigneur en paréage avec le Roy de la Baronnie de Pardailhan au diocèse de Saint-Pons, et engagiste de la portion de Sa Majesté de ladite baronnie.

Demandeur par Requeste.

. . . .

. . . .

Dit a esté que la Cour, sans avoir egard aux requestes.

. . . .

. . . .

Disant droit sur les requestes dudit de Portes des 23 mai 1698, 15 et 21 juillet 1699.

A ordonné et ordonne que le contract de transaction du 8 juillet 1618 passé entre Francelin de Burgairoux, conseigneur de Pardaillan, et les consuls et députés dudit lieu, et la Recognaissance generale des dits consuls faite par devant ledit M⁰ Geoffre, commissaire subdelegué pour la confection du papier terrier du dit lieu, du 20 janvier 1676, sortiront a effet suivant leur forme et teneur :

Ce faisant, a déclaré et déclare le Roy et ledit de Porte conseigneurs en paréage en toute justice dudit lieu et baronnie de Pardailhan, seigneurs directs et fonciers universels de l'entier terroir et jurisdiction d'iceluy, conformement audit contrat de transaction du susdit jour 8 juillet 1618, arrest du Parlement de Toulouse du 8 avril 1620 et à la susdite recognaissance generale dudit jour 20 janvier 1676, scavoir : Sa Majesté pour unze part de vint une portions qui composent ladite seigneurie en justice et directe en paréage, et ledit de Portes des dix portions restantes de ladite justice et directe indivise.

A ordonné et ordonne que les habitans de ladite baronnie de Pardailhan et possesseurs des maisons, moulins, terres et heritages, situés dans la dite jurisdiction et terroir, en passeront recognaissance, si fait n'a esté, au profit du Roy et du dit de Portes, pardevant ledit commissaire subdelegué, sous les censives annuelles contenues au papier terrier de 1410, droits de tasque du unzieme de tous les fraits perceus et....

Fait à Montpellier, le 24 décembre 1699, signés de Moulceau, Lauriol de Vessec, doyen.

II

Bail à nouveau fief de 1703

L'an 1703 et le onziome jour du mois de fevrier, dans la ville de Saint-Pons de Thomières, regnant tres chretien prince Louis le Grand, par la grace de Dieu, Roy de France et de Navarre, pardevant nous notaire Royal des..... par Sa Majesté dans ladite ville, soussigné, et presens les temoins ci-après nommés,

Constitué en personne *messire Jean François de Portes, seigneur foncier universel et directe de la baronnie de Pardailhan, procedant tant de son chef que comme acquereur de la portion de ladite Seigneurie appartenant au Roy.*

Lequel de gred a baillé et baille par cest acte à nouveau fief et emphiteoze perpetuelle, aux habitans de Rieussec auĉit terroir de Pardailhan, la faculté de faire boire leurs troupeaux dans la rivière...............

AMBLARD, notaire.

III

Erection en marquisat de la terre de Mauses

Louis, par la grace de Dieu, Roy de France et de Navarre : A tous presens et a venir, salut : notre ami et feal le s eur François Joseph de Portes de Pardailhan, baron de Pardailhan, president aux enquetes de notre cour de Parlement de Toulouse, nous a fait représenter qu'il est propriétaire de la terre et seigneurie de Mauses et que cette terre se trouve par son étendue, par les droits et revenus considérables qui en dépendent, et par les arrières fiefs, qui en relèvent, en état de porter le titre, nom et dignité de marquisat, s'il nous plaisait lui accorder nos lettres d'érection sur ce nécessaire, sous le nom de marquisat de Portes...

A l'effet de quoi nous avons commué et changé, commuons et changeons ledit nom de Mauses, en celui de Portes...............

Donné à Versaille au mois de février, l'an de grâce 1747, et de notre règne le 32me, signé Louis, et plus bas : par le Roy Phelipeaux-visà Daguesseau.

IV

Acquisition de la baronnie de Pardailhan

l'an 1751 et le 7ᵐᵉ jour du mois de mars, à Toulouse, après midy, par devant le notaire royal de ladite ville, soussigné, et témoins bas nommés ;

Feut present, messire François-Joseph de Portes de Pardailhan, chevalier, marquis de Portes, président au parlement de Toulouse, lequel par le présent acte, a fait et fait vente pure et irrévocable à noble François de Treil, écuyer, conseiller secrétaire du Roi, maison et couronne de France en la chancellerie près la cour des aides, Montpellier, dument émancipé par messire Joseph Treil, son père, suivant l'acte du 9 Décembre 1742, passé devant Maupet, notaire de Narbonne, controllé et insinué à Narbonne le 10 du même mois et an, present et stipulant et acceptant.

De la terre et seigneurie de Pardailhan, située au diocèse de Saint-Pons, sénéchaussée de Beziers, ancienne sénéchaussée de Carcassonne, relevant du Roi, *avec le titre de dignité qui peuvent y être attachés, et généralement tous les droits qui en dépendent, sans en rien retenir ni réserver, et tout ainsi qu'il en a joui ou deu jouir, consistant en haute, moyenne et basse justice, seigneurie directe,* droit de tasque, censives, fournage, scirventage, lods et ventes, peage confirmé par arrêt du Conseil du 8 août 1730, quette annuelle fixée à la somme de 30 livres qui sont imposées annuellement sur la cure de la taille de la communauté, forets en paréage avec le Roy ;

Se réservant ledit seigneur marquis de Portes tous les arrérages qui peuvent lui être dus dans ladite terre et seigneurie jusqu'au dernier décembre passé, comme aussi le revenu du cabaret et peage jusqu'au 18 avril prochain, et le droit de porter le nom de ladite terre et seigneurie de Pardailhan pour lui et pour la dame son épouse, leur vie durant.

BOGER, notaire.

TROISIÈME PARTIE

Droit de la famille de TREIL au nom
de PARDAILHAN

I

François de TREIL, baron de PARDAILHAN

7 MARS 1751

Acte d'acquisition de la Baronnie de Pardailhan : (Voir 2ᵉ partie pagé 53).

29 JUILLET 1752

Contrat de mariage de « *messire François de Treil, baron, seigneur de Pardailhan*, conseiller secrétaire du Roy en la chancellerie près la Cours des aydes de Montpellier. »

2 JUILLET 1754

Acte de baptême de « *Thomas François né hier, fils de messire François Treil de Pardailhan*, écuyer du Roy. »

12 JUILLET 1757

Police d'afferme de toutes les tasques et autres droits seigneuriaux par « *François de Pardailhan* baron dudit lieu. ».

Signé, PARDAILHAN.

8

12 JANVIER 1762

Acte de baptême de « *Jean Alexandre Vincent de Paule Treil, né le
9 janvier, fils légitime de noble François Treil, baron de Pardailhan,*
ancien secrétaire du Roi, maison, couronne de France.... *son parrain,
messire Jean-Treil de Pardailhan*, archidiacre du chapitre de Saint-Pons ;
sa marraine, dame Élisabeth Robert, veuve d'Alexandre Treil de Saint-
Martial qui ont signé avec nous, *Treil Pardailhan*, archidiacre, *Pardailhan*,
Audral, prêtre. »

22 JUIN 1767

Arrêt de la Cour des comptes, Aydes et finances de Montpellier.

Entre noble *François Treil de Pardailhan*, baron et seigneur dudit
lieu, baron et seigneur de la Caunette, et seigneur d'Aigue. (Voir l'acte
entier, 1ʳᵉ partie, page 42).

10 AVRIL 1769

Police d'afferme des tasques par « *messire François de Treil de Pardailhan*, baron dudit lieu. »

Signé, PARDAILHAN.

20 NOVEMBRE 1770

ACTE SOUS SEINGS PRIVÉS.

« Nous *François Treil, seigneur et baron de Pardailhan*, faisant pour
noble Joseph Treil, seigneur et baron de la Caunette, mon père...

Et François Langlade...

Signé, TREIL DE PARDAILHAN.

20 JUILLET 1771

SENTENCE DU SÉNÉCHAL.

André Hercule de Rosset de Rocossel de Fleury, duc et pair de France, marquis de Florange, Gouverneur, lieutenant général de la Lorraine, du Barrois et Aigues-Mortes, mestre du camp du régiment du Roy, Dragons, capitaine de la capitainerie de Giroussens, sénéchal de Carcassonne, Béziers et Limoux.

Au premier huissier ou sergeant requis, comme aujourd'hui et en bas écrit :

En audiance tenue par-devant M. Demurat, Président et juge mage, a été fait récit du déffaut veriffié à juger.

Pour *noble François de Treil, seigneur baron de Pardailhan,* la Caunette et autres lieux, demandeur..

16 NOVEMBRE 1771

BAIL A LOCATAIRERIE PERPÉTUELLE.

Par devant nous, notaire Royal soussigné et témoins bas nommés, fut present *noble François de Treil, seigneur et baron de Pardailhan,* la Caunette et autres lieux...

30 JANVIER 1772

ACTE D'ACQUISITION.

Par-devant nous notaire royal soussigné....., laquelle de son gré, a irrévocablement vendu et par cest acte vend purement et à perpuité à *noble François de Treil, seigneur et baron de Pardailhan,* la Caunette et autres lieux..

6 OCTOBRE 1772

EXPLOIT D'ASSIGNATION.

L'an 1772 et le sixième jour du mois d'octobre par nous, Jean Bousquet, huissier de la Cour royalle d'Azillianet, soussigné, à Cesseras, à la réquisition de *noble François de Treil, baron de Pardailhan*, la Caunette et autres lieux...

24 AVRIL 1775

Contrat de mariage entre :

Messire Joseph-François-Alexandre de Planque, capitaine au régiment de Navarre, seigneur de Fraisse;

Et demoiselle *Marie Monique Joséphine de Treil de Pardailhan*, fille légitime de *messire François de Treil de Pardailhau*, seigneur baron dudit lieu et autres places.

. . . .

Et de la part de ladite demoiselle de Treil de Pardailhan, future épouse du vouloir et consentement de son dit père, et de *noble Joseph de Treil, baron de Caunette et Aigne*, son grand-père paternel; et de l'avis et conseil de messire Joseph de Treil d'Ornac, chanoine au vénérable chapitre de cette ville, prieur et seigneur de Saint-Broin en Bourgogne, *de messire Jean-Antoine de Treil de Pardailhan*, archidiacre au même chapitre et vicaire général en l'évêché dudit Saint-Pons, ses oncles paternels ; de de M. Delecoulz, citoyen de la ville d'Alby et dame Agathe de Treil, son épouse, ses oncle et tante, de messire Jean-Joseph Delecoulz, chanoine au même chapitre et official en l'évêché de ladite ville, de messire Jean-Joseph-Marie de Villeneuve, chevalier, ancien capitaine du régiment de Bourbon, infanterie, seigneur de la Castre, Levauctrou, Auterives et autres lieux et dame Marie-Rose Amblard, mariés...... de messire Joseph-

Marie-Dominique de Treil de Saint-Martial, lieutenant dans le régiment de la reine, cavalerie... :... de messire Antoine de Treil de la Vallongue, écuyer......

Et ont signé, *M. de Pardailhan*, Treil, *Pardailhan*, Treil d'Ornac, Saint-Martial..........

30 JUILLET 1775

DÉCRET D'AJOURNEMENT PERSONNEL

Joseph Serin, conseiller du roy, maître particulier en la maitrise des eaux et forêts de Castres, au premier huissier, gardes généraux ou sergents requis, à la requête de *messire François de Treil, seigneur baron de Pardailhan*, la Caunette et autres lieux.....

5 NOVEMBAE 1775

Extrait des registres du greffe de la maitrise des eaux et forêts de Castres.

Décret d'ajournement personnel à convertir en décret au corps.

Pour *messire François de Treil, seigneur baron de Pardailhan*, la Caunette et autres lieux.........

17 NOVEMBRE 1775

ACTE DE VENTE

Pardevant nous, Antoine Pomayrol, notaire royal dudit Saint-Pons, en présence des témoins bas-nommé, a été en personne, *messire François de Treil, seigneur baron de Pardailhan*, la Caunette, Aigne et autres lieux.

(Le vendeur a signé, PARDAILHAN.)

3 JANVIER 1779

ACTE D'ACQUISITION

Devant nous, gradué en droit, notaire royal et apostolique de la Salvetat soussigné....... lesquels..... de gré vendent, cedent, quittent et relaxent à perpétuité à *messire François de Treil, baron, seigneur de Pardailhan,* la Caunette et autres places, citoyen de Saint-Pons......

2 JUILLET 1780

ACTE D'ACQUISITION

Pardevant nous......., lesquels ont conjointement et solidairement fait et font vente pure, simple, à toujours valable, et a jamais irrevocable à *messire François de Treil, seigneur, baron de Pardailhan* et autres places, habitant de Saint-Pons.

7 JUILLET 1781

Police d'afferme les droits seigneuriaux de la paroisse, par « moi Pardailhan. »

Signé, PARDAILHAN

14 NOVEMBRE 1782

ACTE DE RETRAIT FÉODAL

Pardevant nous........ ont été en leurs personnes *messire François de Treil, seigneur, baron de Pardailhan,* la Caunette, Aigne et autres lieux, d'une part, et.....

L'acte est signé, PARDAILHAN.

II DÉCEMBRE 1782

SOUMISSION D'ENGAGEMENT AU ROI

Je soussigné *Françoisde Treil de Pardailhan*, engagiste, de la portion qui appartient au roy dans le domaine, terre et seigneurie de Pardailhan, et [pour laquelle j'ai fournima déclaration en conformité de l'arrêté du 14 janvier 1781, me soumets de payer annuellement à Sa Majesté......

Fait à Saint-Pons, le 11ᵉ décembre 1782.

Signé, PARDAILHAN.

22 FÉVRIER 1783

ACTE D'ACQUISITION

Pardevant nous......, lequel..... a fait vente pure, simple, à toujours valable et à jamais irrévocable, à *noble François de Treil, seigneur, baron de Pardailhan*, la Caunette, Aigne et autres lieux, habitant de Saint-Pons.

(L'acte est signé du seul nom de *Pardailhan*) ;

15 OCTOBRE 1785

ACTE DE VENTE

(Dans les mêmes termes que ci-dessus avec la seule signature « *Pardailhan* »).

4 FÉVRIER 1786

SENTENCE DU SÉNÉCHAL

« *Pour messire François de Treil, seigneur, baron de Pardailhan*, la Caunette, Aigne et autres lieux, citoyen de Saint-Pons, demandeur. »

16 JANVIER 1787

TESTAMENT DE L'ABBÉ D'ORNAC

Pardevant nous, Antoine Poumayrol, notaire royal dudit Saint-Pons, et dans notre étude 10 heures du matin ;

Est comparu *messire François de Treil, seigneur, baron de Pardailhan,* la Caunette, Aigne et autres lieux, citoyen de Saint-Pons.....

. . . .

Suit le testament.

L'an 1785 et le 7 juin, moy, Joseph Treil d'Ornac, chanoine honoraire de l'église Cathédrale de Saint-Pons, prieur et seigneur de Notre-Dame-de-Chambon dans le diocèse du Puy en Veley, voulant faire mon dernier et valable testament.....

Pour le surplus de mes biens, j'institue *mon frère de Pardailhan* mon héritier général et universel....................... ....

17 MARS 1789

SÉNÉCHAUSSÉE DE CARCASSONNE

Procès verbal de l'Assemblée générale des trois Ordres.

Noblesse.

. . . .

François de Treil, seigneur, baron de Pardailhan, la Caunette et Aigne, demeurant à Saint-Pons.

Procès-verbal de l'Assemblée générale des trois Ordres.

Noblesse.

. . . .

De Treil de la Vallongue (1).

20 AVRIL 1789

Contrat de mariage, entre « messire Claude-François de Villiers, écuyer, receveur général des fermes..... Et demoiselle *Marie-Marguerite-Félicité Treil de Pardailhan*, fille légitime et naturelle de *noble François Treil, baron de Pardailhan.....* »

25 JANVIER 1790

Compoix de *M. noble François de Treil, baron de Pardailhan*, au tome de la Ville.

Pour quatre articles qu'il prend du compoix de M. Joseph de Treil d'Ornac, chanoine..................... ....

Je soussigné, greffier de la ville et communauté de Saint-Pons, certifie le présent extrait valable.

A Saint-Pons, le 25 janvier 1790.

BORIOS, greffier.

10 JUILLET 1790

ACTE DE PROTESTATION.

L'an 1790 et le 10° jour du mois de juillet, par nous Jean-Louis Combes, huissier aux ordres de Saint-Pons y résidant soussigné,

---

(1) Fils de Joseph de Treil.

A la requête de *M. François de Treil de Pardailhan seigneur Baron dudit lieu* résidant à Saint-Pons, est exposé à MM. les Maire et officiers municipaux de Pardailhan en la personne du sieur Joseph Decor, maire, qu'ils ne peuvent ignorer qu'il est venu à la connaissance du sieur requérant, que ledit Decor maire a fait prendre une délibération en corps de commune de ladite communauté le 16 juin dernier par laquelle ledit Decor annonce que plusieurs citoyens se sont plaints qu'ils payaient au requérant des droits seigneuriaux, sans que celui-ci eut des titres légitimes, et qu'auparavant de les payer il convenait de le requérir de les exhi ber, pour y acquiescer ou les contester, sur lequel proposé il futpris une délibération conforme, auquel effet il fut donné pouvoir au procureur de la commune de faire un acte audit sieur requérant pour le sommer de remettre ses titres et reconnaissances par devant un notaire à Saint-Pons, pour par ledit procureur en prendre vision dans un délai suffisant et pour sommer le sieur requérant d'en dénoncer cette remise à peine de tous dépens dommages et intérêts ; et comme cette délibération est plutôt l'effet du caprice des citoyens dont les têtes paraissent échauffées à l'aspect des décrets de l'Assemblée nationale dont ils n'ont qu'une connaissance imparfaite, qu'outre que les droits du sieur requérant sont établis sur des titres très-solides, c'est qu'il ne leur a jamais refusé de leur en donner connaissance ; que le refus que les citoyens dudit Pardailhan entendent faire de payer au sieur requérant ses droits seigneuriaux qu'il est en droit de percevoir sur tous ses vassaux de la terre de Pardailhan est contraire aux lettres patentes du mois de décembre 1789, des 26 février et 28 mars dernier sur les décrets de l'Assemblée nationale des 11 décembre 1789, 23 février et 15 mars 1790, puisque à l'article second il y est dit : Défenses sont faites à toutes communautés d'habitants sous le prétexte des droits de propriété, d'usurpation et sous tout autre quelconque, de se mettre en possession par voie de fait d'aucuns des bois, terres vagues et vaines dont elles n'auraient pas la possession réelle au 4 août dernier ; sauf aux communautés à se pourvoir par les voies de droit contre les usurpations dont elles croiraient avoir le droit de se plaindre ; que par l'article 3 les officiers municipaux emploieront tous les moyens que la confiance publique met à leur disposition pour la protection efficace des propriétés publiques et particulières et des personnes, et pour prévenir et dissiper tous les obstacles qui seraient apportés à la perception des impôts, et, si la sûreté des personnes, des propriétés et la perception des impôts étaient mises en danger par des attroupements séditieux, ils feront publier la loi martiale ; et par l'article 6 il est dit : Aucune municipalité, aucune administration de district ou de département ne pourront à peine de nullité, de prise à partie et de dommages et intérêts, prohiber la perception d'aucun des droits seigneuriaux dont le paiement sera réclamé, sous prétexte qu'ils se trouveraient implicitement ou explicitement supprimés sans indemnité, sauf aux parties intéressées à se pourvoir par les voies de droit ordinaires devant les juges qui doivent en connaître ;

Et qu'il demeure encore informé que, sous prétexte de ladite délibération, lesdits vassaux doivent refuser le payement desdits droits seigneuriaux, et, comme le sieur requérant n'a jamais entendu exiger d'autres droits que ceux qui lui sont légitimement acquis en vertu de ses titres, c'est pourquoi en dénonçant ci-dessus auxdits sieurs maire et officiers municipaux, leur avons déclaré que, defférant à leur dite délibération, le sieur requérant va remettre de suite, entre les mains et au pouvoir de M. Pomayrol notaire à Saint-Pons, tous ses titres d'où ils pourront en prendre vision, si bon leur semble dans le délai d'un mois, après lequel le sieur requérant les retirera ; et, comme nous sommes à la saison où les droits seigneuriaux vont être perçus, avons sommé et requis lesdits sieurs maire et officiers municipaux non-seulement de favoriser la perception desdits droits seigneuriaux, mais encore d'en faire procurer le payement aux préposés du sieur requérant : autrement celui-ci leur déclare qu'il les rendra comme il les rends d'hors et déjà responsables des événements et de tout préjudice dépens, dommages et intérêts et de tout ce qui pourra résulter de leur refus et leur ai baillé à un pour tous dans le domicile du sieur Joseph Decor maire en parlant à sa belle-sœur.

Signé : Combes.

Contrôlé à Saint-Pons, le 10 juillet 1790.

Reçu douze sols neuf

II

Thomas-François de TREIL de PARDAILHAN

FILS AÎNÉ DE FRANÇOIS

II FÉVRIER 1782

Provisions de la charge d'enseigne dans la Compagnie Suisse de la Garde de Monsieur pour *le sieur Thomas-François de Treil, Baron de Pardailhan.*

1er JUILLET 1782

Contrat de mariage de « *messire Thomas-François de Treil, Baron de Pardailhan,* ancien mousquetaire de la 1re Cie, capitaine d'infanterie, enseigne des Suisses de la Garde de Monsieur, frère du Roy, ayant rang de Lieutenant-colonel.

Avec « mademoiselle Jeanne-Charlotte Gautier de Vinfrais, fille de messire Jacques-Alexandre Gautier de Vinfrais, écuyer, conseiller secrétaire du Roy en la chancellerie établie près le Parlement Comptes, aides et finances de Pau, chevalier de l'Ordre royal et militaire de Saint-Louis, porte-arquebuse de Monsieur, frère du Roy, inspecteur général des chasses de Sa Majesté en sa capitainerie du Louvre, premier lieutenant de la maréchaussée de l'Isle-de-France, seigneur de Villeneuve-le-Roy et D'Ablon.

16 JUILLET 1782

ACTE DE MARIAGE.

(*Mêmes énonciations que dans le contrat.*)

4 JANVIER 1785

Acte de baptême de « *Joseph-Louis-Maiie-Alexandre*, né la veille, rue des Grands-Augustins, de cette paroisse, fils de *messire Thomas-François de Treil*, *baron de Pardailhan*, enseigne des Suisses de la garde deMon sieur, frère du Roy, lieutenant-colonel d'infanterie. »

30 DÉCEMBRE 1785

Provisions de la charge, en survivance, de conseiller-maître de l'hôtel du Roy « du sieur *Thomas-François de Treil de Pardailhan*.

Signé : LOUIS.

Par le Roy, le baron de Breteuil.

2 FÉVRIER 1787

Provisions de la charge de lieutenant dans la Cie des Suisses de la garde de Monsieur pour le sieur *Thomas-François de Treil, baron de Pardailhan.* »

30 MARS 1788

Commission au sieur *Thomas-François Treil de Pardailhan*, pour tenir rang de lieutenant-colonel d'infanterie.

Signé : LOUIS,

Par le Roy.

4 JUILLET 1790

BREVET DE VOLONTAIRE DE LA GARDE NATIONALE DE VILLEJUIF.

Nous soussignés, certifions que *M. Thomas-François Treil de Pardailhan*, chevalier de Saint-Louis, a été nommé, par la commune assemblée, commandant en second de la garde nationale de cette paroisse, aujourd'hui, 4 juillet.

8 JUILLET 1791

ACTE DE PROTESTATION.

L'an 1791 et le huitième jour du moisde juillet par nous Étienne Hortola huissier au Tribunal du district de Saint-Pons, résidant en la ditte ville soussigné.

A la requête de *Thomas-François de Treil, fils ainé,* chevalier de Saint-Louis, *ci-devant seigneur de Pardailhan,* résidant à Paris, est exposé au maire et officiers municipaux dudit Pardailhan, qu'ils ne peuvent ignorer que le 26 juin de l'année dernière, la municipalité de Pardailhan n'ait pris une délibération qui détermine de refuser au requérant les droits seigneuriaux à lui dûs; qu'il en fut pris une autre le 18° juillet suivant, qui charge les dits officiers municipaux de la levée des dits droits pour les garder jusques après la vérification des titres qui étaient alors déposés chez Me Pomayrol à Saint-Pons. Que sur le refus de cette municipalité de rendre compte au requérant des dits droits, celui-cy se pourvu devers le directoire du département qui rendit un arrêté le 22° juin dernier portant que les maire et officiers municipaux de Pardailhan seraient tenus de communiquer au sieur requérant dans le dellay de huitaine le compte de la levée et perception qu'ils ont ou dû tenir, en conformité de leur délibération du 18° juillet précédant, des tasques, censives et autres droits pour le d. compte être impregné s'il y a lieu, et en cas de discord le produit être fixé par expert, lequel arrêté ayant été signiffié à la d. municipalité par exploit du 15 février suivant et cette municipalité n'ayant pas déféré à cet arrêté, il en fut rendu un second qui ordonne de plus l'exécution du premier à peine d'y être contraints par toutes voyes et par corps, ce second arrêté est du 13° août dernier signiffié le 27° et en outre un itératif commandement du mois de juin dernier, sans que la municipalité ait sous aucun prétexte déféré aux d. arrêtes, et comme ainsi qu'il vient d'être dit ci-dessus la d. municipalité s'oposa l'année dernière au recouvrement que le requérant devait faire des tasques et censives, qu'elle en fit ou fit faire la levée et que la présente ils se croiraient en droit d'en user de même : qu'il importe au requérant pour prévenir toutte contestation de scavoir l'intention de la municipalité si elle entend que le requérant fasse percevoir les tasques et censives ou si au contraire la municipalité entend elle-même en faire ou faire faire la levée pour ensuite en rendre compte en la forme ordonnée par le département. C'est pourquoy moi dit huissier en dénonçant tout ce dessus à la dite municipalité en la personne du sieur Joseph Decor de Coulouma leur maire les ay sommés et requis de déclarer au sieur requérant au domicile de Mᵉ Pomayrol, père, avoué au Tribunal du district de Saint-Pons domicille par luy élu, si la municipalité entend percevoir ou faire percevoir les droits de tasques et censives dûs au requérant dans la terre de Pardailhan, pour ensuite en donner compte ainsi que de droit, ou si au contraire ils entendent que le sieur requérant les fasse lever et percevoir ainsi qu'il était d'usage avant leur opposition : et dans ce but ils sont sommés et requis d'en favoriser la perception conformément aux décrets, avec déclaration que faute par la municipalité de s'expliquer sur le oui ou sur le non le sieur requérant prendra son silence pour un reffus et qu'en ce cas le requérant la rend garante de la perception de tous ses droits et de tous dépens dommages et interets sans préjudice des droits seigneuriaux à lui dûs de l'année 1790 et de l'exécution des arrêtés sus énoncés ce qu'il se réserve par exprès et avons baillé copie aux d. sieurs maire et officiers municipaux de Pardailhan ainsi qu'il a été dit dans le domicille

du d. Joseph Decor maire, en parlant à la femme de Jacques Decor, officier municipal le maire et officiers municipaux absents.

(*Signé*) HORTALA.

Enregistré à Saint-Pons. le 8 juillet 1791,

Reçu quinze sols.

26 SEPTEMBRE 1791

Extrait des registres de l'Assemblée électorale du département de
Paris.

. . . .

M. le Président, d'après ce résultat, a proclamé au nom de l'Assemblée *M. Thomas-François Treil-Pardailhan*, chevalier de Saint-Louis,
électeur, de 1790 et 1791, du canton de Villejuif, et administrateur du
département de Paris, âgé de 37 ans, demeurant à Villejuif, pour député
du département de Paris au Corps législatif.

La minute est signée Pastoret, président, Souniou, secrétaire.

24 NOVEMBRE 1791

NOUVELLE PROTESTATION.

L'an 1791 et le 24me jour du mois de novembre, par nous Jean-Louis
Combes, huissier au Tribunal du district de Saint-Pons, y résidant,
soussigné :

A la requête de *François-Thomas de Treil, ci-devant seigneur de
Pardailhan, membre de la législature et citoyen de Paris*, est exposé aux
sieurs Maires et Officiers municipaux de la commune de Pardailhan que
mal à propos et par une affectation déplacée, ils lui ont fait signifier un
acte le vingt du courant dans son château de Pardailhan, en parlant à

Cauquil son agent, tandis qu'ils ne peuvent pas ignorer que la résidence du requérant ne soit à Paris, et le domicile élu en la personne et étude de Mᵉ Pomeyrol père, notaire royal et avoué au Tribunal, ce qu'il leur a dénoncé expressément par un acte à eux signifié. — Que le requérant a un intérêt sensible à ce que toutes les significations qui lui seront faites par cette commune le soient en la personne et maison dudit Mᵉ Pommeyrol parce que par ce moyen il est assuré d'avoir connaissance de tout ce qui pourrait lui être signifié, au moyen de quoi il persiste de plus fort à requérir que toute signification soit faite à personne au domicile de son dit constituant, protestant de nullité et cassation de toutes celles qui pourraient être faites à tout autre domicile. Qu'au surplus répondant aud. acte il leur déclare qu'il peut se faire que depuis la faction du dernier compoix il ait été fait quelques agrandissements contigus à différentes pièces de terre lui appartenant ; que les raccords lui appartenant aussi il s'était cru en droit de les agrandir ; qu'il n'est pas d'habitant dans ladite terre qui n'ait fait son titre des agrandissements dans ses possessions, qu'il somme ladite commune ou de faire procéder à l'arpentement général ou de faire placer le dépôt foncier sur le compoix actuel, ce qui ne peut être qu'avantagaux à ladite commune, lui déclarant qu'il n'entend pas s'opposer audit arpentement autant que la commune délibérera que l'arpentement sera général, et qu'il sera nommé à cet effet des arpenteurs non au choix de la commune mais au choix du directoire du district, qui prêteront serment devant lui, à cause que le requérant étant en procès avec ladite commune tout choix d'arpenteur doit lui être interdit et ne pourrait qu'être suspect au requérant, qu'il dénonce de plus fort à ladite commune que si, au préjudice du présent acte, elle passe outre et qu'elle se borne au seul arpentement à faire sur ses possessions, ledit Treil se retirera devant qui de droit pour faire ordonner aux dépens de la commune un arpentement général des possessions de tous les habitants de ladite terre, attendu que la loi doit être générale et que chacun doit supporter ses charges. Leur faisant au surplus toutes les protestations de fait et de droit et leur ai donné copie dans le domicile d'Antoine Cathala, maire, en parlant à la personne du sieur Cathala, maire.

Signé : COMBES, huissier.

Enregistré à Saint-Pons, le 26 novembre 1791. Reçu quinze sols.

12 OCTOBRE 1792.

Il est permis à Monsieur *de Pardailhan*, garde du corps du Roy de France, de s'absenter du corps jusqu'à ce qu'il reçoive de nouveaux ordres pour le rejoindre.

A Arlon, le 12 octobre 1792.

LE DUC DE GUICHE.

Vu et approuvé ladite permission :

LE MARÉCHAL DUC DE BROGLIE.

21 VENDÉMIAIRE AN 5 (11 OCTOBRE 1796).

Je soussigné, secrétaire général du département, certifie que le *citoyen Thomas-François Treil Pardeilhan*, demeurant rue de Grenelle-Sainte-Geneviève, N° 1,174, dixième municipalité du canton de Paris, département de la Seine, n'est point porté sur les listes d'émigrés arrêtées jusqu'à présent par le département.

A Paris, au secrétariat du département, le 21 vendémiaire, l'an cinquième de la République, une et indivisible.

BOISSIEU.

28 THERMIDOR AN VII

PROCÈS-VERBAL.

Par-devant nous, Nicolas-Charles Marie, juge de paix de la division Poissonnière, et nos assesseurs réunis au bureau de paix et de conciliation, rue Basse-Porte-Denis, n° 13.

Sont comparus : *M. Thomas-François Treil Pardailhan*, demeurant à Paris, rue de Grenelle-Saint-Germain, n° 1174, division de la Fontaine de Grenelle..

8 THERMIDOR AN XIII

PROCURATION.

Par-devant Denis-André Rouen et S. C., notaires impériaux à Paris, soussignés :

Fut présent *Thomas-François Treil Pardailhan*, demeurant à Paris, rue de Grenelle-Saint-Germain, n° 1174.

Lequel a autorisé spécialement dame Charlotte-Gautier Vinfrais, son épouse..

7 OCTOBRE 1810

PROCURATION.

Par-devant nous Thomas-Zenon Gaillard, vice-consul de France à Milan, est comparu

M. Treil de Pardailhan (Thomas-François), demeurant ci-devant à Paris, rue de Grenelle, faubourg Saint-Germain, de présent à Milan.

Lequel a fait et constitué pour son procureur général et spécial......
....

Joseph-Louis-Marie-Alexandre de TREIL
de PARDAILHAN

FILS AÎNÉ DE THOMAS-FRANÇOIS DE TREIL DE PARDAILHAN, PÈRE D'ARTHUR
DE TREIL, BARON DE PARDAILHAN, LEQUEL EST PARTIE AU PROCÈS

---

30 AOUT 1824

Lettre du grand chancelier de l'ordre royal de la Légion d'honneur
« *à M. le baron de Treil de Pardailhan.* »

30 OCTOBRE 1824

Lettre du même « *à M. le baron de Treil de Pardailhan.* »

20 DÉCEMBRE 1824

Lettre du même « *à M. le baron de Treil de Pardailhan (Joseph-Marie-Alexandre, maître de l'hôtel du Roi).* »

2 JANVIER 1826

Lettre du comte de Cossé-Brissac, grand officier, premier maître de
l'hôtel du roi « *à M. le baron de Pardailhan, maître de l'hôtel du Roi.* »

20 NOVEMBRE 1835

Lettre de M. le duc de Bassano, président de la commission de vété-
rance « *à M. le baron de Treil de Pardailhan.* »

III

Jean-Alexandre-Vincent de Paul de TREIL
de PARDAILHAN

SECOND FILS DE THOMAS-FRANÇOIS DE TREIL DE PARDAILHAN, PÈRE
DE MM. ARMAND ET AUGUSTE, QUI SONT PARTIES AU PROCÈS, ET
DE FRANÇOIS-JOSEPH-MARTIAL, DÉCÉDÉ.

------

21 BRUMAIRE AN XIV

PROCÈS-VERBAL D'OUVERTURE DE TESTAMENT.

L'an 14 et le 21 brumaire, 10 heures du matin, dans la chambre du
Conseil, pardevant nous, Jean-Baptiste Constant, président du Tribunal
de 1ʳᵉ instance de l'arrondissement de Saint-Pons, département de l'Hé-
rault ; assisté du sieur Thomassin, commis-greffier dûment assermenté.

S'est présenté le sieur *Alexandre Treil Pardailhan*, propriétaire foncier,
domicilié à Saint-Pons, lequel nous a dit que M. *Treil Pardailhan*, prêtre
ci-devant archidiacre, son oncle, quand vivait Habitant audit Saint-Pons,
fit dans la forme mystique un testament.............................

20 SEPTEMBRE 1822

Acte de décès de « *monsieur de Treil de Pardailhan, Jean-Alexandre-
Vincent de Paule.* »

François-Joseph-Martial de TREIL
de PARDAILHAN

MARI DÉFUNT DE Mme DE PARDAILHAN, PARTIE AU PROCÈS, ET PÈRE
DE M. HENRY DE TREIL DE PARDAILHAN, AUSSI PARTIE AU PROCÈS

1er JANVIER 1826

Nomination du « *sieur de Pardailhan (François-Joseph-Martial)* à un
emploi de commis de 5me classe au ministère de la guerre. »

M^e DE CLERMONT-TONNERRE.

28 FÉVRIER 1831

Certificat de libération du service militaire, délivré par le maire de
Saint-Pons « *au sieur Treil de Pardailhan (François-Joseph-Martial).* »

3 MARS 1831

Contrat de mariage devant Me Batardy, notaire à Paris, entre :

« *M. François-Joseph-Martial de Treil de Pardailhan*, propriétaire,
demeurant à Paris, rue de la Michodière, n° 4.

Fils majeur de feu M. *Jean-Alexandre-Vincens de Paule de Treil de*

Pardailhan, chevalier de Saint-Louis, sous-préfet de Saint-Pons, et de dame Marie-Madeleine de Barbe de Gross, son épouse, actuellement sa veuve.

Stipulant pour lui et en son nom du consentement de madite dame *veuve de Pardailhan, sa mère*, représentée ici par M. *Joseph-Louis-Marie-Alexandre baron de Treil de Pardaiihan, chevalier de Malte et de la Légion d'honneur* . . . .

. . . .

9 MARS 1831

Acte de la célébration du mariage, avec les mêmes énonciations.

Signé : F. J. DE TREIL DE PARDAILHAN,

ROZE, baron DE PARDAILHAN.

14 MAI 1832

Acte de naissance de « Henri-Jean-Baptiste-Charles, du sexe masculin, né rue Monthabor, n° 22, hier à 9 heures et un quart du soir, fils du sieur *François-Joseph-Martial Treil de Pardailhan.*

10 JUILLET 1837

Vente pardevant Mᵉ Gontines, notaire à Saint-Pons, « en faveur de M. *François-Joseph-Martial de Treil de Pardailhan.* » . . . . . .

. . . .

1ᵉʳ JUILLET 1838

Acte de célébration du second mariage de « *monsieur François-Jo-*

seph-Martial de Treil de Pardailhan, » avec « demoiselle Louise-Thereze-Antoinette Bourguignon de Saint-Martin, » à Saint-Pons.

10 AVRIL 1853

Acte de décès, à Saint-Pons, de « *François-Joseph-Martial de Treil de Pardailhan.* »

21138 — Imp. Renou et Maulde, rue de Rivoli, 144

www.ingramcontent.com/pod-product-compliance
Ingram Content Group UK Ltd.
Pitfield, Milton Keynes, MK11 3LW, UK
UKHW022302120726
13694UKWH00003B/1202

9 782014 104592